Déco Diy : créations en MACRAMÉ

Textes et créations : Marie Rozier
Photographies des créations réalisées : Blandine Soulage

VAGNON

Table des matières

Introduction 5

Matériaux et outils 6

Les nœuds 8

- Le nœud d'alouette 8
- Le nœud plat 9
- Le nœud plat torsadé 10
- Le nœud de barrette horizontal 11
- Le nœud de barrette vertical 12
- La surliure 14
- Le nœud carré 15

Suspension de plumes	16
Chilienne	22
Attrape-rêves	28
Ornement de sac	34
Guirlande de fanions	40
Suspension d'appoint	46
Suspension bohème	52
Photophore	60
Sous-verre	66
Étagère murale	72

Introduction

J'ai toujours aimé créer des objets de mes mains, en particulier à partir de fibres textiles. Encouragée par mes parents adeptes du bricolage, j'ai commencé très jeune à tisser et à broder, avant d'enchaîner avec les bracelets brésiliens qui ont accompagné toute mon adolescence. C'est lors d'un voyage en Bretagne que j'ai vu pour la première fois une suspension en macramé ornée de coquillages, accrochée sur une vieille porte d'entrée. Ça a été un véritable coup de cœur ! J'ai été immédiatement séduite par cette tenture aux accents vintage et marins dont j'ai rapporté le souvenir chez moi. Aujourd'hui, je l'avoue, je suis devenue une accro du nouage.

Et lorsque votre passion rencontre la tendance, pourquoi s'en priver ?

En effet, depuis quelques années, le *Do It Yourself* (ou l'art de faire soi-même) s'invite dans notre décoration intérieure, notamment avec le grand retour du macramé. Plus moderne, plus coloré, le macramé permet de réunir les styles bohème et bord de mer tout en valorisant le fait-main. Cette technique artistique mettra parfois votre patience à rude épreuve mais le résultat en vaudra largement la peine ! Une fois que l'on maîtrise les différents nœuds, le reste devient beaucoup plus facile pour peu que l'on accepte d'y consacrer quelques heures.

Ce livre est le fruit de mes explorations créatives autour du macramé et de mon envie de promouvoir cet art textile à plus grande échelle. Destinés aux débutants autant qu'aux initiés, ces dix tutoriels illustrés vous aideront à apprendre les bases du macramé et à développer votre technique tout en réalisant divers objets aussi jolis que pratiques. Maintenant, c'est à vous de jouer, et j'espère que vous prendrez autant de plaisir que moi à découvrir ou redécouvrir le macramé.

Retrouvez-moi sur Instagram :
@peloteetcompagnie

Matériaux et outils

Le macramé ne requiert que peu de matériel de base, ce qui en fait une activité adaptée à toutes les bourses. La plupart du temps, vous posséderez déjà une partie de l'outillage chez vous.

× La corde

Matériau phare du macramé, la corde se décline de bien des manières : épaisse ou fine, tressée ou torsadée, en fibres naturelles ou synthétiques, écrue ou teinte... Le plus dur sera de choisir.

Chaque tutoriel présenté dans cet ouvrage nécessite une corde d'épaisseur spécifique indiquée dans la liste du matériel. Toutefois, libre à vous de choisir une autre épaisseur en fonction de vos envies. Les cordes épaisses (de 5 mm et plus) sont particulièrement adaptées à la création d'objets « utilitaires » tels que les assises de fauteuils, les étagères ou les balançoires car leur résistance leur permet de supporter un poids plus important sans craquer. Les cordes d'épaisseur moyenne (de 2 à 4 mm) sont parfaites pour les tentures murales, les suspensions légères et les petits objets de décoration. Enfin, les cordes fines (inférieures à 2 mm) sont davantage destinées aux ornements minutieux et aux motifs délicats.

Si vous souhaitez utiliser une corde d'épaisseur différente de celle conseillée, il vous faudra ajuster la longueur des brins à couper. Rappelez-vous qu'une corde fine réclame une longueur de fil plus importante qu'une corde épaisse. Le choix de la corde aura également un impact sur la durée de réalisation du macramé. En optant pour des cordes fines, prévoyez un temps de

travail plus long car le nombre de nœuds à effectuer augmentera de manière significative.
Toutes les cordes utilisées dans cet ouvrage sont des cordes torsadées. Généralement constituées de 3 brins enroulés ensemble, elles peuvent être délacées et peignées facilement afin de créer des franges à la texture volumineuse. Mais attention, toutes les cordes ne se valent pas : certaines se délieront facilement, tandis que d'autres seront plus difficiles à maîtriser et s'enrouleront à nouveau sur elles-mêmes avec le temps.
Les cordes sont fabriquées à partir de matériaux naturels ou synthétiques. Personnellement, je préfère utiliser des cordes en fibres naturelles, et plus particulièrement des cordes de coton qui conjuguent douceur et souplesse. Proposées dans différentes épaisseurs et couleurs, elles se trouvent facilement dans les boutiques de loisirs créatifs ou sur Internet. Quant aux cordes de jute, de chanvre, ou encore de sisal, vous les trouverez davantage dans les magasins de bricolage. Plus rigides et rêches, elles apporteront une touche résolument bord de mer à vos créations. Si vous en avez la possibilité, je vous conseille de faire quelques essais avec plusieurs types de cordes afin de trouver celles qui correspondront le mieux à vos projets.
Les cordages se marient à merveille avec de nombreux matériaux issus de la nature comme les coquillages, les pierres fines, les plumes... Et n'oublions pas les perles en tout genre, qui sublimeront vos ouvrages.

× Le choix du support : bois ou métal ?

Qu'il soit façonné par la mer (bois flotté) ou usiné, le choix du bois dépend beaucoup du rendu final souhaité. J'avoue avoir un faible pour le bois flotté en raison de son aspect blanchi, lisse, léger et peu coûteux. De plus, aller chercher du bois flotté est souvent l'occasion de faire une belle balade sur la plage. Si l'endroit où vous venez récupérer votre bois a déjà été ratissé (le bois flotté est très recherché en ce moment), attendez le passage de la prochaine tempête pour venir faire votre cueillette. En attendant, vous pouvez toujours profiter de votre promenade le long du littoral pour remplir votre cabas de quelques détritus laissés par la marée. Sans oublier bien entendu de respecter les règles et les interdictions liées à votre zone de ramassage, afin de ne pas abîmer la nature ou l'écosystème.
Si vous n'habitez pas en bord de mer, vous trouverez également des branches de bois mort en bord de rivière ou en forêt : ôtez l'écorce (ou conservez-la, c'est à vous de voir), passez les branches sous un jet d'eau pour enlever la terre ou la vase incrustée, puis laissez-les sécher quelques jours sous un abri à l'air libre.
Les baguettes en bois, vendues à prix modeste dans les magasins de bricolage, permettent d'obtenir un effet plus graphique et moderne.
Enfin, le métal rivalise aujourd'hui avec le bois pour servir de support au macramé, en particulier les tuyaux en cuivre ou en laiton. Avec leur look contemporain, ces matériaux permettent d'intégrer plus facilement un macramé dans une décoration au style urbain ou industriel.

× Les outils

N'oubliez pas de vous munir d'une paire de ciseaux ainsi que d'une règle ou d'un mètre, les deux outils indispensables pour tout ouvrage en macramé. Une aiguille à gros chas et un portant muni de deux crochets pourront également s'avérer utiles lors de certaines réalisations.

Les nœuds

Le nœud d'alouette

Il s'agit d'un nœud de montage basique, point de départ pour un grand nombre d'ouvrages. Il s'effectue directement sur le support de votre macramé, que ce soit une branche de bois, une tige métallique ou une corde bien tendue.

Pour le réaliser, pliez une corde en deux et placez la boucle devant votre support de montage. Faites passer la boucle derrière le support.

Rentrez les deux brins flottants dans la boucle et tirez-les pour resserrer le nœud.

Ce nœud se présente au choix avec le petit boudin apparent sur le devant, ou le petit boudin dissimulé à l'arrière : on parlera alors de nœud d'alouette inversé. Pour l'obtenir, au départ du nœud, on place la boucle derrière le support et non devant le support. Puis on la rabat par-devant pour glisser les extrémités flottantes dedans.

Le nœud plat

Il s'agit du nœud le plus utilisé en macramé. Pour le réaliser, il vous faut quatre brins de corde.

Sur quatre brins mis côte à côte, saisissez le premier brin (à gauche), puis faites-le passer au-dessus des deux brins du milieu et sous le dernier brin. Ensuite, prenez le dernier brin et faites-le passer en dessous des deux brins du milieu et au-dessus du premier brin.

Pour effectuer la deuxième partie du nœud, commencez cette fois par la droite. Faites passer le dernier brin au-dessus des deux brins du milieu et en dessous du premier brin. Puis faites passer le premier brin sous les brins du milieu et au-dessus du dernier brin. Pour terminer, serrez bien.

On peut nouer les nœuds plats en alternance pour un maillage résistant, ou les superposer pour créer une colonne.

Le nœud plat torsadé

Ce nœud est une variante du nœud plat traditionnel. Il consiste en un demi-nœud plat répété autant de fois que vous le souhaitez.

Prenez le premier brin sur la gauche et faites-le passer au-dessus des deux brins du milieu et sous le dernier brin. Puis faites passer le dernier brin en dessous des deux brins du milieu et au-dessus du premier brin.

Reproduisez cette séquence autant de fois que nécessaire en respectant cet ordre. Après plusieurs nœuds, la torsade commencera à apparaître.

Le nœud de barrette horizontal

Ce nœud est le second nœud de base du macramé. Il se travaille en rangée avec plusieurs brins afin de former une belle ligne droite. Un nœud de barrette horizontal nécessite l'utilisation de deux brins : le brin de support placé horizontalement et le brin de travail (celui qui noue). Le fil de support doit être bien tendu afin de faciliter la réalisation du nœud.
Pour commencer, prenez le premier brin à gauche et placez-le au-dessus des autres brins. Prenez le brin n° 2, ramenez-le vers le haut et faites-le passer derrière le brin de support, en faisant une boucle. Serrez bien. Ensuite, ramenez de nouveau ce brin vers le haut, à droite de la première boucle. Faites-le passer une seconde fois derrière le brin de support en prenant soin de le faire ressortir entre les deux boucles. Serrez bien. Répétez ces étapes autant de fois que nécessaire avec les fils suivants.

Pour varier, ce nœud peut aussi se travailler en oblique. Pour ce faire, le fil de support est tendu en diagonale et non plus à l'horizontale.

Le nœud de barrette vertical

Il s'agit d'une variante du nœud de barrette horizontal. La différence se fait au niveau du brin de support qui n'est plus horizontal mais vertical. Une rangée de nœuds de barrette verticaux nécessite un fil de travail très long car il sera le seul à effectuer tous les nœuds sur les différents brins de support.

Faites passer un brin de corde sous deux fils de support (ou un seul). Ensuite, prenez l'extrémité de droite et faites une boucle en passant dessus et dessous. Serrez bien. Réalisez une seconde boucle de la même manière, juste en dessous de la précédente, en veillant à faire passer le brin de travail entre les deux boucles. Serrez bien.

Répétez ce nœud autant de fois que nécessaire avec les fils de support suivants.

Une fois arrivé(e) au bout de la rangée, si vous souhaitez poursuivre votre ouvrage en utilisant toujours le même nœud, partez cette fois-ci de la droite, jusqu'à atteindre le bord gauche de votre ouvrage. Continuez de cette manière, en zigzaguant à chaque fois que vous atteignez le bord gauche ou droit de l'ouvrage.

La surliure

Appelée également nœud de ligature, la surliure permet de réaliser de belles finitions, tout en empêchant votre ouvrage de se dénouer.

Pour réaliser une surliure, coupez un brin de corde souple de 50 à 70 cm de long. Pliez-le à 15 cm de l'une de ses extrémités et orientez cette boucle vers le bas, le long de la partie à ligaturer.

Saisissez l'autre extrémité flottante et enroulez-la une première fois autour des cordes, au-dessus de la boucle. Serrez bien, puis continuez à enrouler tout en descendant progressivement.

Après une petite dizaine de tours, faites passer le brin dans la boucle.

Tirez fermement sur la petite extrémité flottante située à l'opposé (en haut) pour faire remonter la boucle et la dissimuler sous la surliure. Enfin, coupez les deux extrémités flottantes au plus près de la surliure pour une finition impeccable.

Le nœud carré

Ce nœud nécessite au moins quatre brins pour être réalisé. Ici, je vous propose de démarrer directement avec huit brins. Rassurez-vous, la difficulté ne s'en trouve pas augmentée.

Disposez les différents brins en croix. Repliez les brins qui sont ici gris en passant au-dessus des brins qui sont ici jaunes. Ensuite, repliez les brins jaunes en passant au-dessus des quatre brins gris. Pour la suite des opérations, veillez à bien maintenir les boucles en place.

Repliez les deux brins supérieurs gris et faites-les passer au-dessus des quatre brins jaunes. Ensuite, repliez les deux brins inférieurs jaunes, puis faites-les passer au-dessus des deux premiers brins gris et en dessous des deux derniers brins gris.

Tirez progressivement sur chaque duo de cordes jusqu'à obtenir un nœud carré bien serré.
Répétez ce nœud plusieurs fois pour faire apparaître la forme carrée qui lui a donné son nom.

Suspension de plumes

5 h | environ 15 €

MATÉRIEL

- 11 m de corde torsadée noire de 2 mm d'épaisseur
- 30 m de corde torsadée violette de 2 mm d'épaisseur
- Cinq perles en bois de 1,5 cm de diamètre
- Une branche de bois flotté d'environ 40 cm de long
- Une règle ou un mètre
- Une paire de ciseaux
- Un cutter rotatif (facultatif)
- Un tapis de découpe (facultatif)
- Un peigne

NŒUDS UTILISÉS

- Nœud d'alouette (voir p. 8)
- Surliure (voir p. 14)

× conseils déco ×

× Utilisées individuellement, les plumes en macramé se transforment en jolis accessoires au charme ethnique. Elles peuvent s'accrocher sur un sac à main, un porte-clés ou encore un mobile pour bébé. Bref, les possibilités de déclinaison sont nombreuses.

× Pour dynamiser votre réalisation finale, donnez une forme plus naturelle aux plumes en les courbant légèrement dans des directions différentes.

ÉTAPE 1

Commencez par préparer votre matériel. Dans la corde noire, coupez :

- vingt morceaux de 20 cm chacun
- trois morceaux de 90 cm chacun
- deux morceaux de 80 cm chacun
- deux morceaux de 70 cm chacun
- un morceau de 60 cm

Dans la corde violette coupez :

- cent quarante morceaux de 20 cm chacun

ÉTAPE 2

Prenez le brin de 60 cm et deux brins de 90 cm en corde noire. Réalisez un petit nœud simple aux deux extrémités du plus petit morceau.

Placez l'une des extrémités de ce brin sur le bord gauche de la branche de bois flotté. À l'aide d'un des deux brins noirs de 90 cm, réalisez une surliure assez serrée autour du petit morceau de corde et du bout de bois, puis coupez les extrémités flottantes de la surliure. Ensuite, tirez doucement le brin de 60 cm vers l'intérieur jusqu'à ce que le petit nœud de blocage touche la surliure. Effectuez une seconde surliure de l'autre côté de la branche à l'aide du deuxième morceau de corde noire de 90 cm. Procédez aux mêmes finitions que pour la surliure précédente. Ce montage vous permettra d'accrocher la suspension une fois terminée.

ÉTAPE 3

Pour réaliser votre première plume, prenez le dernier morceau de corde noire de 90 cm et pliez-le en deux. Nouez les deux extrémités ensemble avec un nœud simple bien serré à environ 3 cm du bord.

Placez cette corde noire devant vous en dirigeant les deux extrémités que vous avez nouées ensemble de votre côté. Préparez quatre petits brins de 20 cm en corde noire et vingt-huit brins en corde violette. Attachez un premier brin noir juste au-dessus du nœud, à l'aide d'un nœud d'alouette. Orientez les extrémités flottantes de ce brin vers la gauche. Prenez un nouveau brin de corde noire et effectuez un deuxième nœud d'alouette juste au-dessus du précédent, en orientant cette fois-ci les extrémités flottantes vers la droite. Poursuivez de la même manière avec les deux derniers brins noirs, puis avec tous les brins de corde violette, en alternant entre la gauche et la droite à mesure que vous remontez.

ÉTAPE 4

Déliez toutes les extrémités flottantes noires et violettes, y compris celles situées tout en bas de la plume. Pour cela, faites tourner chaque brin dans le sens inverse de sa torsion naturelle. Peignez délicatement les franges ainsi libérées afin de bien séparer tous les fils et apporter de la texture à la plume.

ÉTAPE 5

Après le brossage, la forme de la plume n'est pas encore apparente. Posez l'ouvrage sur le tapis de découpe et munissez-vous d'un cutter rotatif. Si vous n'en possédez pas, une paire de ciseaux fera tout aussi bien l'affaire. Coupez délicatement les fibres en leur donnant la silhouette d'une plume. Faites attention à ne pas trop vous approcher de la colonne vertébrale de la plume sinon les nœuds d'alouette pourraient se défaire. Si vous n'êtes pas sûr(e) de vous, dessinez préalablement un modèle de la taille adéquate sur une feuille de papier, découpez-le et posez-le à plat sur l'ouvrage. Il ne vous reste plus qu'à retailler en suivant les contours du patron.

Alternez entre brossage et coups de ciseaux pour vous débarrasser des derniers fils mal coupés et obtenir une forme de plume parfaite.

ÉTAPE 6

Pour finir, enfilez une perle en bois sur la plume.

Répétez l'ensemble des étapes n° 3 à 6 pour confectionner quatre autres plumes plus courtes, avec les fils noirs de 80 et 70 cm.

ÉTAPE 7

La dernière étape consiste à suspendre les plumes sur la branche de bois flotté. Pour cela, prenez la plume la plus longue et accrochez-la au milieu de la branche à l'aide d'un nœud d'alouette. Ensuite, nouez de la même manière les plumes de longueur moyenne en les plaçant respectivement à gauche et à droite de la première plume. Laissez un espace suffisant entre elles pour qu'elles ne se touchent pas ou à peine. Enfin, suspendez les deux dernières plumes respectivement à gauche et à droite des plumes de longueur moyenne, en conservant toujours le même espace entre elles. La forme triangulaire apparaît maintenant sous vos yeux.

Chilienne

6 H 30

environ 40 € (sans la chilienne)

MATÉRIEL

- Une chilienne
- 125 m de corde turquoise de 6 mm d'épaisseur
- 6 m de corde écrue de 2 mm d'épaisseur
- une paire de ciseaux
- une règle ou un mètre
- un peigne (facultatif)

NŒUDS UTILISÉS

- Nœud d'alouette (voir p. 8)
- Nœud plat (voir p. 9)
- Surliure (voir p. 14)

× conseils éco ×

× Récupérez une vieille chaise longue dans une brocante ou chez vos grands-parents pour lui redonner une nouvelle jeunesse. Ôtez la toile usée et poncez les surfaces en bois au papier de verre avant de commencer le tissage de l'assise. Cela diminuera le montant d'achat du matériel tout en participant activement à la promotion du recyclage.

× Les cordes épaisses de couleur étant plus onéreuses que les cordes écrues, une solution intéressante pour les petits budgets consiste à teindre la corde soi-même avant de la travailler. Ainsi, vous pourrez réduire quasiment de moitié le coût total de votre chilienne.

Pour le tutoriel de la suspension jaune : voir pages 52-59 ›

ÉTAPE 1

Découpez vingt-quatre morceaux de corde turquoise de 5,2 m chacun, ainsi que douze morceaux de corde écrue de 50 cm chacun. Pliez chaque morceau de corde turquoise en deux et accrochez-les à la barre supérieure du cadre de la chilienne avec des nœuds d'alouette. Vous obtenez alors une rangée de quarante-huit brins de 2,6 m chacun.

ÉTAPE 2

Regroupez les brins par groupes de quatre pour réaliser un premier rang de nœuds plats. Pour ce faire, commencez par nouer ensemble les brins n° 1, 2, 3 et 4, puis procédez de la même manière avec les autres brins jusqu'au bout de la rangée.

Laissez un espace d'environ 2,5 cm entre cette première rangée et la rangée suivante. Ensuite, effectuez un nœud plat avec les brins n° 3, 4, 5 et 6, et ainsi de suite jusqu'à atteindre la fin de la rangée. Les brins n° 1, 2, 47 et 48 ne seront pas utilisés dans cette rangée afin de créer un maillage en alternance plus résistant.

Laissez un nouvel espace de 2,5 cm après la deuxième rangée, puis répétez la séquence de ces deux premiers rangs de nœuds en alternance jusqu'à atteindre la barre inférieure du cadre de la chilienne.

Le tissage final doit rester légèrement tendu lorsque la chilienne est repliée : ni trop lâche car il se détendra avec le temps, ni trop raide afin de conserver une assise confortable.

Pour vous aider à maintenir toujours le même écart sans avoir à mesurer à chaque fois, insérez une règle ou tout autre objet long et plat de 2,5 cm de largeur avant de nouer chaque nouveau rang.

ÉTAPE 3

Afin de bloquer le tissage, réalisez un nouveau rang de nœuds plats autour de la barre inférieure du cadre. Pour cela, prenez les quatre premiers brins : faites passer les brins n° 1 et n° 4 en dessous de la barre et les brins n° 2 et n° 3 au-dessus, puis effectuez un nœud plat bien serré. Continuez cette série de nœuds jusqu'à atteindre le bout de la rangée.
Pour sécuriser davantage votre ouvrage, terminez par un dernier rang de nœuds plats en alternance et bien serrés.

ÉTAPE 4

Prenez un morceau de corde écrue et effectuez une surliure autour des quatre premières cordes turquoise rassemblées, puis coupez les extrémités flottantes de la surliure. Réalisez onze autres surliures avec les brins suivants.

À l'aide de la règle, coupez toutes les franges à environ 15 cm. Si vous le souhaitez, vous pouvez les délier et leur donner un coup de peigne pour obtenir de belles houppes volumineuses.

Joli travail ! Il est maintenant temps de vous reposer un peu dans votre nouvelle création.

Attrape-rêves

1 h 30 + 2 jours de séchage — environ 12 €

MATÉRIEL

- 22 m de corde en coton de 2,5 mm d'épaisseur
- Un cercle métallique de 20 cm de diamètre
- Une règle ou un mètre
- Une paire de ciseaux
- De la teinture bleue pour textiles, une bassine, une paire de gants de ménage, du ruban de masquage large (de type adhésif à carton)

NŒUDS UTILISÉS

- Nœud d'alouette inversé (voir p. 8)
- Nœud plat (voir p. 9)
- Nœud de barrette horizontal (voir p. 11)

× conseils déco ×

× Teindre ses cordes soi-même est une solution intéressante pour les petits budgets car les cordes naturelles écrues coûtent moins cher que les cordes colorées. De plus, cela vous permet d'obtenir des nuances uniques que vous ne retrouverez nulle part ailleurs.

× Amusez-vous à créer des dégradés originaux aux lignes géométriques en utilisant du ruban de masquage. Sans ruban adhésif, le résultat sera un peu plus irrégulier mais tout aussi joli.

× Réalisez un attrape-rêves multicolore en superposant plusieurs teintures de couleurs différentes. Mais attention, commencez toujours par appliquer les nuances les plus claires en premier pour pouvoir ensuite les recouvrir partiellement avec d'autres couleurs plus foncées.

Attention, certaines cordes en coton sont plus absorbantes que d'autres. Pensez à faire un essai de teinture sur un petit morceau de corde avant de commencer, afin de vérifier la nuance ainsi que le temps de trempage adéquat.

ÉTAPE 1

Pour réaliser cet attrape-rêves en macramé, coupez dans la corde :

- treize morceaux de 80 cm chacun
- sept morceaux de 1,4 m chacun
- un morceau de 20 cm

Prenez les sept brins les plus longs et attachez-les côte à côte sur le cercle métallique à l'aide de nœuds d'alouette inversés.

ÉTAPE 2

Saisissez les brins n° 1, 7, 8 et 14, et réalisez un nœud plat avec ces fils environ 5 cm plus bas. Ensuite, relevez les brins n° 1 et 14 afin qu'ils ne gênent pas la réalisation du nœud suivant.
Prenez les brins n° 2, 7, 8 et 13 et faites un nouveau nœud plat en dessous du nœud précédent. Terminez en relevant les brins n° 2 et 13.

Répétez l'opération jusqu'à ce que tous les brins aient été utilisés :

- brins n° 3, 7, 8 et 12
- brins n° 4, 7, 8 et 11
- brins n° 5, 7, 8 et 10
- brins n° 6, 7, 8 et 9

Vous obtenez alors une colonne de six nœuds plats superposés.

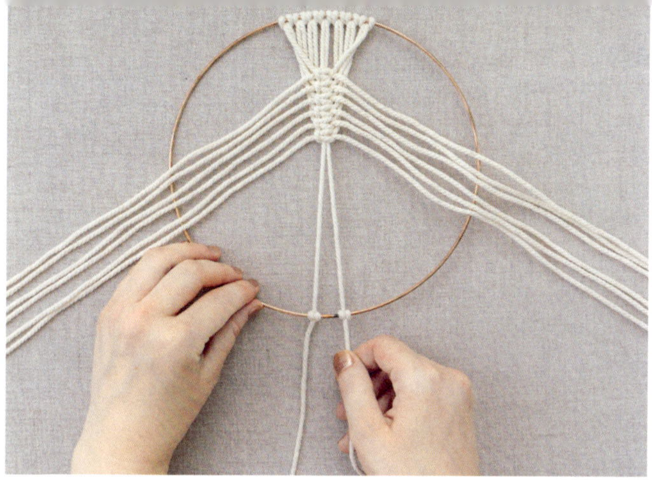

ÉTAPE 3

Prenez les brins n° 7 et n° 8 et attachez-les au bas du cercle métallique à l'aide d'un nœud de barrette horizontal, en laissant un centimètre d'écart entre les deux. La corde doit être bien tendue sans pour autant déformer le support circulaire. Quant aux nœuds, serrez-les bien afin qu'ils ne se relâchent pas avec le temps.
Pliez en deux l'un des brins de 80 cm et accrochez-le directement au milieu des deux nœuds de barrette avec un nœud d'alouette inversé.

Répétez cette étape avec les autres fils : à l'aide de nœuds de barrette horizontaux, nouez les fils n° 1 à 6 à gauche du fil n° 7, en veillant à laisser 1 cm d'écart entre chaque nœud. Faites de même avec les fils n° 9 à 14, que vous nouerez cette fois à droite du fil n° 8. Ensuite, prenez les brins de 80 cm restant et insérez-les entre chaque nœud de barrette avec un nœud d'alouette inversé.

Avant de passer à l'étape suivante, prenez le temps de resserrer les nœuds qui auraient pu se détendre au fur et à mesure de votre travail. Pour finir, rapprochez tous les brins noués vers le centre pour les bloquer. Vous obtenez alors une rangée impeccable de quarante brins juxtaposés.

ÉTAPE 4

Coupez toutes les franges à la longueur désirée et réalisez un petit nœud à l'extrémité de chaque brin.

Réalisez une boucle avec le dernier brin de 20 cm que vous ferez passer entre quelques cordes sur le haut de votre attrape-rêves. Vous pourrez ainsi le suspendre plus facilement une fois qu'il sera terminé. Coupez les extrémités flottantes de la boucle.

ÉTAPE 5

On passe à la teinture. Enfilez des vêtements auxquels vous ne tenez pas ou portez un tablier afin d'éviter tout accident. Munissez-vous également d'une paire de gants de ménage pour ne pas tacher vos mains et vos ongles. Posez votre attrape-rêves à plat et remettez les franges dans le bon ordre. Coupez un morceau de ruban adhésif et appliquez-le sur les franges, juste au-dessous du cercle métallique. Retournez l'attrape-rêves, et collez un second morceau de ruban de masquage au même niveau. Cela vous permettra d'obtenir une ligne de coloration nette au moment du trempage.

Versez la teinture liquide dans un récipient plus large que votre attrape-rêves et ajoutez 1,5 litre d'eau. Remuez doucement, puis plongez les franges de l'attrape-rêves dans le bain jusqu'à atteindre le ruban adhésif. Avec une main, malaxez doucement les fibres immergées pour mieux les imprégner. Après deux ou trois minutes, essorez les franges en les serrant dans votre poing.

Suspendez ensuite votre ouvrage dans un endroit aéré (ou au-dessus d'un évier si vous n'avez pas de jardin). Veillez à ce que les franges ne touchent aucune surface poreuse (au risque de la tacher définitivement), puis laissez sécher pendant vingt-quatre heures. Recouvrez votre récipient de film alimentaire pour éviter que la teinture ne se gâte avant le prochain trempage.

Le lendemain, posez un second morceau d'adhésif à 10 cm environ sous la ligne de teinture précédente, afin d'obtenir l'effet de dégradé. Ensuite, immergez les franges à nouveau, malaxez-les doucement et laissez-les tremper cinq minutes. Essorez-les sans trop insister afin que les extrémités prennent une couleur très foncée, puis laissez à nouveau sécher toute une journée. Versez le restant de teinture liquide dans un bidon propre pour une prochaine utilisation. De cette manière, vous pourrez la conserver encore quelques mois.

Une fois que les franges sont complètement sèches, retirez délicatement tous les morceaux de ruban adhésif.

Ornement de sac

2 h

environ 5 € (sans le sac)

MATÉRIEL

- Un sac en osier souple
- 30 m de corde de 2 mm d'épaisseur
- Une paire de ciseaux
- Une règle ou un mètre
- Du fil de couture de la même couleur que la corde
- Une aiguille à coudre

NŒUDS UTILISÉS

- Nœud plat (voir p.9)
- Nœud de barrette horizontal (voir p.11)

× Conseils déco ×

× C'est le moment de ressortir son sac ou son panier en osier et de le rehausser d'une petite touche personnalisée. Les accessoires en osier s'accordent parfaitement avec le macramé et son esprit bohème.

× Pourquoi se limiter aux sacs ? Le dos d'une veste en jean, un coussin ou encore un porte-clés accueilleront avec bonheur vos ornements en macramé.

× L'anse de ce sac a été réalisée en macramé : retrouvez le tutoriel de la tresse en macramé en page 57.

ÉTAPE 1

Dans la corde, coupez quarante brins de 75 cm chacun, puis posez-les à plat côte à côte. Pour éviter que les cordes ne bougent pendant le travail, bloquez-les sur un support à l'aide de pinces à papier, par exemple.

ÉTAPE 2

Avant de commencer le nouage, laissez une longueur de fil d'environ 15 cm au-dessus du premier rang de nœuds. Ces longueurs serviront à la réalisation d'autres nœuds plus tard. Ensuite, réalisez la première rangée de nœuds plats avec les groupes de brins suivants : 7/8/9/10, 11/12/13/14, 27/28/29/30 et 31/32/33/34.

ÉTAPE 3

Pour les rangées suivantes, nouez ensemble ces groupes de cordes à l'aide de nœuds plats :

- 2e rang : 5/6/7/8, 9/10/11/12, 13/14/15/16, ainsi que 25/26/27/28, 29/30/31/32 et 33/34/35/36.
- 3e rang : 3/4/5/6, 7/8/9/10, 11/12/13/14, 15/16/17/18, ainsi que 23/24/25/26, 27/28/29/30, 31/32/33/34 et 35/36/37/38.
- 4e rang : 1/2/3/4, 5/6/7/8, 9/10/11/12, 13/14/15/16, 17/18/19/20, ainsi que 21/22/23/24, 25/26/27/28, 29/30/31/32, 33/34/35/36, 37/38/39/40.
- 5e rang : faire des nœuds plats en alternance avec le 4e rang. Donc tous les brins sont utilisés, hormis les brins n° 1, 2, 39 et 40.
- 6e rang : faire une rangée de nœuds plats avec tous les brins, d'un bout à l'autre de la rangée.

ÉTAPE 4

Maintenant que le haut du cœur est formé, passons au bas en forme de triangle inversé. Pour le réaliser, réduisez le tissage de deux brins de chaque côté à chaque nouvelle rangée.

- 7e rang : écartez les brins n° 1, 2 et 39, 40.
- 8e rang : écartez les brins n° 1, 2, 3, 4 et 37, 38, 39, 40.

Et ainsi de suite jusqu'à atteindre le bas du cœur. Le 14e rang est uniquement composé de deux nœuds plats côte à côte, et le 15e rang est constitué d'un seul nœud plat. Serrez bien ce dernier nœud pour l'empêcher de se relâcher avec le temps.

ÉTAPE 5

Passons maintenant aux bordures qui encadreront le cœur. Le brin n° 1 servira de support aux 19 brins suivants pour la réalisation des nœuds de barrette horizontaux en oblique. Une fois que vous avez atteint le bas de l'ouvrage, une diagonale régulière s'est dessinée. Répétez l'opération sur le côté droit en utilisant la dernière corde comme fil de support pour les brins n° 39 à 21. Lorsque vous arrivez tout en bas, réunissez ces deux diagonales avec un dernier nœud de barrette horizontal bien serré.

Retournez ensuite votre ouvrage tête en bas. Servez-vous du brin n° 1 comme fil de support pour réaliser 9 nœuds de barrette en oblique, en allant de l'extérieur vers l'intérieur. Faites de même avec le brin n° 40, tout à gauche. Ensuite prenez le brin n° 20 comme support pour effectuer des nœuds de barrette en oblique avec les brins n° 19 à 11. Faites la même chose avec le brin n° 21 que vous nouerez sur les brins n°22 à 30.

Pour terminer les bordures, servez-vous du brin n° 1 pour effectuer un dernier nœud de barrette horizontal sur le brin n° 20. Procédez de la même manière avec les brins n° 21 et 40 (le fil de support étant le brin n° 21).

ÉTAPE 6

Replacez votre ouvrage tête en haut, puis attrapez une paire de ciseaux et une règle. Coupez chaque frange du bas à une longueur de 10 cm afin de conserver une forme triangulaire nette. Coupez également les franges du haut en gardant une longueur flottante d'environ 4 cm. Pour finir, déliez chaque brin du bas pour donner un peu plus de texture à vos franges.

ÉTAPE 7

Placez votre ouvrage au centre du sac en osier et repliez les franges du haut derrière le cœur afin de les cacher. Prenez votre aiguille et un morceau de fil de couture, puis cousez le cœur en macramé sur le support. Pour vous faciliter la tâche lors du piquage, faites passer l'aiguille dans les interstices du tressage en osier. Veillez aussi à ce que les franges du haut ne ressortent pas par mégarde.

Guirlande de fanions

3 h 30 | Environ 12 €

MATÉRIEL

- 60 m de corde écrue de 3 mm d'épaisseur
- 10 m de corde bleue de 3 mm d'épaisseur
- Une paire de ciseaux
- Un mètre ou une règle
- Une aiguille à gros chas

NŒUDS UTILISÉS

- Nœud d'alouette (voir p. 8)
- Nœud plat (voir p. 9)
- Nœud de barrette vertical (voir p. 12)

× Conseils déco ×

× Avec leur look joyeux, les guirlandes en macramé sont un élément de décoration particulièrement apprécié lors des fêtes et des mariages.

× Égayez une chambre d'enfant en optant pour une harmonie de couleurs festives. Pourquoi pas un joli dégradé arc-en-ciel ? C'est facile, à chaque fanion correspond une couleur différente.

× Vous pouvez également transformer cette guirlande en rideau de porte. Pour cela, rajoutez deux fanions supplémentaires à votre guirlande et coupez des brins écrus d'environ 5 m (au lieu de 90 cm) afin que les franges tombent jusqu'au sol. Une fois qu'elle est terminée, suspendez la guirlande au-dessus d'un encadrement de porte.

ÉTAPE 1

Commencez par couper un brin de corde écrue de 1 m de long ; il vous servira de support pour le montage des fanions. Réalisez une boucle simple à chaque extrémité de ce fil de support afin de suspendre plus facilement la guirlande au mur une fois qu'elle sera terminée.

Ensuite, coupez vingt brins de corde écrue de 90 cm chacun, et un brin de corde bleue de 3,20 m. Faites un petit nœud simple à chaque extrémité des brins afin d'éviter qu'ils ne s'effilochent.

ÉTAPE 2

Pliez un brin écru en deux et accrochez-le au fil de support avec un nœud d'alouette. Répétez l'opération avec les dix-neuf autres morceaux de corde pour obtenir une rangée de quarante brins de 45 cm chacun.

ÉTAPE 3

Regroupez les brins par groupes de quatre. Réalisez deux nœuds plats superposés avec le premier groupe (brins n° 1, 2, 3 et 4). Répétez l'opération avec les neuf autres groupes. Vous obtenez alors deux rangées régulières de dix nœuds plats superposés.

Repartez du côté gauche du fanion. Écartez les brins n° 1 et 2, puis réalisez un nouveau nœud plat avec les brins n° 3, 4, 5 et 6. Allez ensuite à la fin de la rangée, à droite, écartez les brins n°39 et 40 et réalisez un autre nœud plat avec les brins n° 35, 36, 37 et 38. Ces deux nœuds plats situés aux extrémités de la rangée serviront à délimiter l'espace pour l'insert en corde bleue.

ÉTAPE 4

Comblez l'espace vide entre ces deux nœuds plats en effectuant une série de quatorze nœuds de barrette verticaux avec la corde bleue. Laisser libre une dizaine de centimètres de corde bleue avant le premier nœud. Chaque nœud de barrette s'effectue autour de deux brins de corde écrue. Ainsi, le premier nœud de barrette se noue autour des brins n° 7 et 8, le deuxième nœud autour des brins n° 9 et 10, et ainsi de suite jusqu'à atteindre le nœud plat situé au bout de la rangée, à droite.

ÉTAPE 5

On passe à la réalisation du triangle. Pour la troisième rangée, réalisez un nœud plat avec les brins n° 5, 6, 7 et 8, et un autre avec les brins n° 33, 34, 35 et 36. Remplissez l'espace vide entre ces deux nœuds plats avec une série de douze nœuds de barrette verticaux, en allant de la droite vers la gauche. Cela fait donc deux nœuds de moins par rapport à la rangée précédente : c'est cette diminution du nombre de nœuds à chaque rangée qui va créer la forme de triangle.

Pour les rangées n° 4 à 8, répétez les étapes précédentes en diminuant le nombre de nœuds à chaque fois. La rangée n° 9 est uniquement composée de deux nœuds plats écrus côte à côte. La rangée n° 10 est constituée d'un seul nœud plat écru. Serrez bien ce dernier nœud pour l'empêcher de se relâcher.

ÉTAPE 6

Maintenant que le fanion est terminé, il est temps de passer aux finitions. Retournez-le sur l'envers et servez-vous d'une aiguille pour rentrer le restant de corde bleue dans un des nœuds de barrette précédents. Si vous ne possédez pas d'aiguille, réalisez un petit nœud simple bien serré à la base de chaque bout de corde bleue. Coupez les extrémités flottantes de corde bleue.

Pour obtenir une jolie frange régulière, coupez chaque brin flottant de corde écrue à une longueur identique des deux côtés afin d'obtenir un triangle net une fois la guirlande suspendue. Réalisez ensuite un petit nœud simple à l'extrémité de chaque brin pour éviter qu'il ne s'effiloche au fil du temps.
Il ne vous reste plus qu'à répéter deux fois l'intégralité de ces étapes pour obtenir une belle guirlande de trois fanions juxtaposés.

Suspension d'appoint

1 h 30 — 5 €

MATÉRIEL

- 28 m de corde verte de 3 mm d'épaisseur
- 1,5 m de corde écrue de 2 mm d'épaisseur
- Un anneau en bois
- Une paire de ciseaux
- Une règle ou un mètre

NŒUDS UTILISÉS

- Nœud carré (voir p.15)
- Nœud plat (voir p.9)
- Surliure (voir p.14)

× conseils déco ×

× Réunissez plusieurs suspensions pour plantes au même endroit afin de créer l'illusion d'un mur végétal. Disposez-les à des hauteurs différentes et alternez entre plantes grimpantes et plantes tombantes pour occuper un maximum de surface.

× Et si vous remplaciez votre traditionnelle plante verte par une tablette d'appoint en bois ou en marbre ? L'avantage de cette suspension est qu'elle s'adapte à toutes les pièces de la maison en fonction de vos besoins et de vos envies : la cuisine avec une corbeille de fruits, la chambre pour y poser votre livre de chevet, ou encore la salle de bain pour accueillir vos produits de toilette.

× Si vous appréciez le style vintage ou marin, n'hésitez pas à insérer quelques éléments naturels tels que des perles en bois ou des petits coquillages percés au fur et à mesure de la réalisation de votre suspension.

ÉTAPE 1

Commencez par couper huit morceaux de corde verte de 3,5 m chacun, ainsi que deux morceaux de corde écrue de 60 cm chacun.

ÉTAPE 2

Faites passer les huit morceaux de corde verte dans l'anneau en bois de façon à obtenir seize brins de longueur égale.
Prenez l'un des morceaux de corde écrue pour effectuer une surliure solide autour des brins de corde verte, juste sous l'anneau. Coupez les surplus de corde écrue.

ÉTAPE 3

Séparez les seize brins de corde verte en quatre groupes de quatre brins chacun, puis disposez ces groupes en croix. Réalisez une série de douze nœuds carrés superposés réguliers.

Afin de faciliter la réalisation du reste de la suspension, je vous conseille de suspendre l'ouvrage en cours à un crochet en hauteur.

Saisissez quatre brins de corde verte en respectant les groupes constitués précédemment pour les nœuds carrés. Laissez un espace de 30 cm de corde après le dernier nœud carré, puis réalisez une série de douze nœuds plats superposés. Répétez cette opération avec les trois autres groupes de cordes jusqu'à obtenir quatre séries juxtaposées de nœuds plats.

ÉTAPE 4

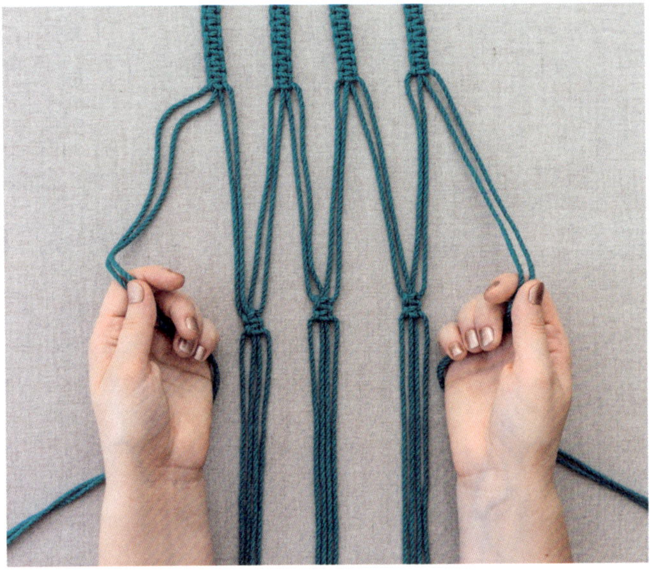

Pour faciliter la suite de la réalisation, je vous conseille d'attribuer un numéro à chaque brin, de 1 à 16, en respectant les groupes précédemment constitués, ainsi que l'ordre des brins dans chaque groupe. Pour ce faire, vous pouvez écrire un numéro sur un petit bout de papier et le scotcher à l'extrémité de chaque brin.

Laissez un espace d'environ 15 cm après les nœuds plats précédents. Prenez en main les brins n° 3, 4, 5 et 6 (provenant donc de deux groupes différents). Avec ces quatre brins, réalisez deux nœuds plats superposés. Procédez de la même manière avec les brins suivants :

- brins n° 7, 8, 9 et 10
- brins n° 11, 12, 13 et 14

Il vous reste les brins n° 1 et 2 d'un côté et n° 15 et 16 de l'autre. Faites passer les brins n° 1 et 2 derrière les autres brins et faites deux nœuds plats superposés avec les brins n° 1, 2, 15 et 16.

Laissez un nouvel espace d'environ 8 cm après ces derniers nœuds plats. À présent, recommencez exactement la même manœuvre. Faites des nœuds plats en laissant deux brins libres de chaque côté, et passez les deux brins de gauche derrière les autres brins pour ajouter deux derniers nœuds plats superposés tout à droite.

ÉTAPE 5

Regroupez tous les brins de corde verte dans votre main. Laissez un dernier espace d'environ 5 cm après les derniers nœuds plats et réalisez une surliure bien serrée avec le dernier morceau de corde écrue autour des cordes vertes réunies. Coupez les bouts flottants de corde écrue. Enfin, coupez toutes les franges vertes à la longueur souhaitée et effectuez un petit nœud simple à chaque extrémité pour empêcher tout effilochage.

Suspension Bohème

5 h 30 | environ 15 €

MATÉRIEL

- 115 m de corde jaune de 2 mm d'épaisseur
- Une branche de bois flotté d'environ 50 cm de long
- Une paire de ciseaux
- Une règle ou un mètre

NŒUDS UTILISÉS

- Nœud d'alouette (voir p. 8)
- Nœud plat (voir p. 9)
- Nœud de barrette horizontal (voir p. 11)
- Surliure (voir p. 14)

× Conseils déco ×

- × N'hésitez pas à insérer quelques perles en bois naturel ou des petits coquillages pour personnaliser votre tenture et faire ressortir son charme bohème.
- × La tresse superposée sur l'avant de ce macramé peut être utilisée seule en tant qu'accessoire pour créer une ceinture ou l'anse d'un sac, comme celle du modèle page 35.

ÉTAPE 1

Prenez votre bobine de corde jaune et coupez :

- cinquante-huit morceaux de 90 cm chacun
- dix morceaux de 2,5 m chacun
- huit morceaux de 4,2 m chacun
- deux morceaux de 50 cm chacun

Pour pouvoir réaliser cette tenture plus facilement, vous pouvez suspendre provisoirement la branche sur un portant en utilisant deux ficelles d'appoint.

Pliez en deux les dix morceaux de corde de 2,5 m et accrochez-les deux par deux sur la branche à l'aide de nœuds d'alouette. Espacez chaque duo d'environ 6 cm. Vous obtenez alors une série de vingt brins (cinq groupes de quatre brins chacun). Veillez à laisser un espace d'au moins 7 cm à chaque extrémité de la branche, pour ajouter plus tard les fils de la tresse.

ÉTAPE 2

Réalisez un nœud plat avec chaque groupe de fils. Laissez une longueur de corde de 5 cm avant de réaliser la deuxième rangée de nœuds plats, en alternance avec la série précédente : commencez par isoler les brins n° 1 et 2, et les brins n° 19 et 20. Puis réalisez des nœuds plats avec les brins suivants : 3/4/5/6 ; 7/8/9/10 ; 11/12/13/14 et enfin 15/16/17/18.

Continuez de la même façon sur les rangées suivantes :

- 3e rang : brins 5/6/7/8, brins 9/10/11/12 et brins 13/14/15/16
- 4e rang : brins 7/8/9/10 et brins 11/12/13/14
- 5e rang : brins 9/10/11/12

Pensez à garder une longueur de corde de 5 cm entre chaque rangée afin d'obtenir un quadrillage de six losanges bien réguliers.

ÉTAPE 3

Prenez vingt-huit brins de 90 cm que vous séparerez en quatre groupes de sept brins. Accrochez le premier groupe à l'aide de nœuds d'alouette autour des brins suspendus n° 3 et 4, entre les deux premiers nœuds plats situés du côté gauche.

Puis réalisez une série de nœuds de barrette horizontaux en oblique. Le brin n° 1 servira de support, sur lequel chaque brin sortant des nœuds d'alouette sera noué à l'aide d'un nœud de barrette. Recommencez cette opération entre chacun des nœuds plats en gardant toujours le brin n° 1 comme support, avec sept brins à chaque fois, tout le long du côté.

ÉTAPE 4

Vous devez maintenant répéter cette étape avec des brins placés sur le côté droit du macramé. Ici, c'est le tout dernier brin qui servira de support pour les nœuds de barrette horizontaux. Lorsque vous arrivez tout en bas, réunissez les deux rangées avec un dernier nœud bien serré. Pour cela, réalisez un nœud de barrette autour du premier fil de support.

ÉTAPE 5

Il est temps à présent d'installer le fil d'accroche qui servira à suspendre votre tenture une fois qu'elle sera terminée. Pour ce faire, prenez les deux derniers brins de 90 cm ainsi qu'un brin de 50 cm. Faites un petit nœud simple à chaque extrémité du fil le plus court et posez-le à plat sur le haut de la branche. Avec les brins les plus longs, réalisez deux surliures bien serrées autour de la branche et du fil d'accroche. Espacez les surliures d'environ 25 cm pour un meilleur équilibre. Tirez au centre du fil d'accroche afin que chaque petit nœud remonte le long de la branche et vienne se bloquer contre la surliure la plus proche. Enfin, coupez les extrémités flottantes de chaque surliure.

ÉTAPE 6

Passons maintenant à la confection de la tresse qui ornera le devant de votre suspension. Pliez quatre cordes de 4,2 m en deux et accrochez-les sur l'extrémité gauche de la branche à l'aide de nœuds d'alouette. Vous obtenez huit longs brins côte à côte.

Commencez par réaliser trois nœuds de barrette horizontaux obliques orientés vers la droite en vous servant du brin n° 1 comme fil de support. Réalisez trois autres nœuds de barrette dirigés cette fois-ci vers la gauche en utilisant le brin n° 8 comme fil de support. Lorsque les deux petites rangées de nœuds se rejoignent au milieu, effectuez un nœud de barrette pour les réunir définitivement. Ensuite, prolongez chaque rang avec trois nouveaux nœuds de barrette. Une fois parvenu(e) aux brins extérieurs, une croix s'est dessinée sur la tresse.

En guise d'ornement, faites un nœud plat au centre à l'aide des brins n° 3, 4, 5 et 6.

Maintenant, il ne vous reste plus qu'à poursuivre ce motif (croix et nœud plat) autant de fois que nécessaire jusqu'à obtenir une tresse d'environ 40 cm. Puis faites la même tresse de l'autre côté.

ÉTAPE 7

Lorsque vos deux tresses sont achevées, regroupez-les au centre et maintenez-les réunies en réalisant une surliure bien serrée avec le dernier brin de 50 cm. Coupez à ras les deux extrémités flottantes de la surliure.

Coupez les franges sous la surliure à la longueur souhaitée, ainsi que toutes les franges de la tenture. Pour obtenir un effet triangulaire parfait, je vous conseille de mesurer chaque brin flottant et de le couper toujours à la même longueur. Mais les franges sont nombreuses et cela demande de la patience. Une solution plus rapide consiste à poser la tenture à plat sur un tapis de découpe, à remettre toutes les franges dans le bon ordre, puis à couper en faisant courir un cutter le long d'une règle.

Après la découpe, libre à vous d'effectuer un petit nœud à l'extrémité de chaque frange, de les laisser dénouées ou de les peigner pour un look soyeux.

Photophore

2 h · environ 5 €

MATÉRIEL

- 33 m de corde écrue de 2 mm d'épaisseur
- 1 m de corde bleue de 2 mm d'épaisseur
- Un pot en verre d'environ 10 cm de haut et 7 cm de diamètre
- Une paire de ciseaux
- Une règle ou un mètre

NŒUDS UTILISÉS

- Nœud d'alouette (voir p. 8)
- Nœud de barrette horizontal (voir p. 11)
- Surliure (voir p. 14)

× Conseils déco ×

× Recyclez vos bocaux en verre inutilisés ou chinez quelques pots d'apothicaire chez un brocanteur pour une touche d'authenticité à tout petit prix.

× Ce photophore se transforme facilement en pot à crayons pour décorer votre bureau, ou en vase pour accueillir un joli bouquet champêtre.

× Si vous souhaitez placer une bougie plus haute qu'une bougie chauffe-plat dans le photophore, prévoyez une longueur de corde plus longue pour confectionner l'anse de suspension, afin que la chaleur dégagée par la flamme ne puisse pas la brûler une fois le photophore suspendu.

ÉTAPE 1

Dans la corde écrue, coupez :

- vingt-trois brins de 1,30 m chacun
- un brin de 1,45 m (la corde de support)
- un brin de 70 cm (l'anse de suspension)

Effectuez un petit nœud simple aux extrémités de toutes les cordes pour éviter qu'elles ne s'effilochent.

ÉTAPE 2

Pliez tous les brins de 1,30 m en deux et accrochez-les sur la corde de support les uns à côté des autres à l'aide de nœuds d'alouette.

Prenez le morceau de 70 cm et nouez l'une de ses extrémités autour du fil de support, juste avant le premier nœud d'alouette, avec un double nœud bien serré. Nouez l'autre extrémité entre les nœuds d'alouette n° 12 et 13, puis coupez les petits bouts de corde flottants pour obtenir une jolie anse.

Placez la corde de support autour du pot en verre et nouez ses extrémités avec un double nœud bien serré. Ne coupez pas ses deux extrémités flottantes car elles serviront à effectuer d'autres nœuds plus tard. Vous obtenez alors une série de quarante-huit brins juxtaposés de longueur égale.

Pour réaliser le photophore gris de la page 61, passez directement d'ici à l'étape 5, sans réaliser les spirales.

ÉTAPE 3

Prenez un groupe de huit brins placés côte à côte et écartez toutes les autres cordes. Le brin le plus à gauche fera office de fil de support. Les sept autres brins serviront à effectuer sept nœuds de barrette horizontaux, noués en oblique. Répétez cette étape avec les quarante brins restant, séparés en cinq groupes de huit brins.

Une fois les six premières séries de nœuds de barrette effectuées, vous voilà revenu(e) au point de départ. Le motif en spirale commence à apparaître.

ÉTAPE 4

Continuez vos séries de nœuds dans le prolongement des nœuds précédents. Pour vous faciliter la tâche et ne pas oublier un nœud de temps à autre, je vous conseille de réaliser une série de huit nœuds sur une rangée torsadée avant de passer à la suivante, et ainsi de suite jusqu'à atteindre le bas du pot. Cela vous permettra également de vérifier que le motif en spirale est toujours bien régulier.

Pour savoir quand vous arrêter, prenez toutes les franges dans votre main et serrez le poing à la base du pot en tirant sur les franges pour que les spirales de nœuds soient bien tendues. Les nœuds de barrette doivent se poursuivre jusqu'à disparaître sous votre poing fermé.

ÉTAPE 5

Prenez les franges dans votre poing et attrapez la corde bleue avec l'autre main. Réalisez une surliure bien serrée autour des franges. Une fois terminé, tirez doucement sur les franges une à une pour tendre les spirales et rapprocher la surliure le plus près possible de la base du pot en verre. Enfin, coupez les extrémités flottantes de la corde bleue.

Pour finir, coupez toutes les franges à la longueur désirée et terminez par un petit nœud simple à chaque extrémité. Placez une bougie chauffe-plat à l'intérieur du photophore, suspendez-le et le tour est joué !

Sous-verre

2 h 30 pour quatre unités

environ 12 € pour quatre unités

MATÉRIEL

Pour 4 pièces :

- 14 m de corde de 6 mm d'épaisseur
- Une règle ou un mètre
- Une paire de ciseaux
- Du fil de couture
- Un pistolet à colle ou de la colle en tube

NŒUD UTILISÉ

- Surliure (voir p.14)

× conseils déco ×

× Choisissez entre un arc-en-ciel de couleurs harmonieuses ou une même nuance pour tous vos sous-verre. Toutefois, si vous optez pour des couleurs différentes, le coût du matériel augmentera probablement.

× Avec du cordage encore plus épais (12 ou 15 mm), réalisez une version plus large de ce modèle pour accueillir vos pots de fleurs ou créer des dessous-de-plat originaux. Mais rappelez-vous que l'utilisation d'une corde d'épaisseur différente nécessite d'ajuster la longueur du brin à couper.

ÉTAPE 1

Commencez par découper un long morceau de corde de 3,5 m. Pour éviter que les bouts ne s'effilochent trop rapidement, effectuez une petite surliure avec du fil de couture à chaque extrémité ou enveloppez-les d'un morceau de ruban adhésif. N'hésitez pas à enrouler la corde sur elle-même sur environ 1,5 m de long pour faciliter le travail de manipulation.

ÉTAPE 2

Réalisez une première boucle à 10 cm de l'extrémité de la corde, en plaçant la corde encore enroulée sur votre gauche.

Effectuez une deuxième boucle en superposant la corde sur la boucle précédente, puis faites passer la corde sous l'extrémité flottante située près de vous.

Pour réaliser la troisième boucle, faites passer la corde en appliquant ce schéma aux quatre prochaines intersections : dessus – dessous – dessus – dessous. Veillez à respecter cet ordre sinon la corde ne se nouera pas et votre création finale se délacera aussitôt que vous la prendrez en main.

Pour former la quatrième et dernière boucle, remontez votre brin le long de la corde « centrale ». Passez dessus – dessous – dessus – dessous.

ÉTAPE 3

À présent, passons au remplissage des espaces vides laissés à l'intérieur de chaque boucle. Pour cela, il suffit de suivre le chemin indiqué par le premier passage de la corde. Longez les boucles déjà faites en veillant bien, à chaque intersection, à passer dessous ou dessus exactement de la même façon qu'à l'étape précédente. Repassez quatre fois dans chaque boucle.
Une fois l'ensemble des quatre tours terminé, vérifiez que chaque boucle est bien constituée de quatre passages de corde.

ÉTAPE 4

Saisissez l'extrémité flottante avec laquelle vous avez travaillé et faites-la rentrer une dernière fois entre les cordes pour la dissimuler sur l'envers.

ÉTAPE 5

Nous arrivons maintenant à la seconde partie de la réalisation : les finitions. Commencez par resserrer les cordes si votre sous-verre est trop lâche et que l'on voit le jour à travers. Les quatre passages de corde constituant chaque boucle doivent être rapprochés les uns des autres et se toucher autant que possible sans déformer votre travail. Pour ce faire, saisissez l'extrémité que vous avez dissimulée et suivez son cheminement progressivement en sens inverse (de l'intérieur vers l'extérieur) en tirant doucement un peu plus à chaque croisement. Soyez attentif car il est facile de perdre le fil.

Une fois le resserrage terminé, assurez-vous que les deux extrémités sont bien cachées sous l'envers. Retournez le sous-verre pour faire apparaître les deux bouts flottants et réalisez une petite surliure d'environ 1 cm sur chacune de ces extrémités avec du fil de couture. Les surliures doivent se trouver le plus près possible de l'ouvrage pour éviter que les cordes flottantes ne forment un relief disgracieux. Coupez les surplus de fil et de corde.

Appliquez un trait de colle dans un creux formé par les cordes, puis posez une extrémité ligaturée dessus en appuyant fort pendant quelques secondes. Répétez cette opération pour la seconde surliure. Retournez le sous-verre sur l'endroit, c'est terminé !

Étagère murale

2 h 30 (sans la préparation des planches) — environ 30 €

MATÉRIEL

- 36 m de corde rose de 6 mm d'épaisseur
- 2 m de corde écrue de 2 mm d'épaisseur
- Deux planches de bois de 50 x 20 cm, percées d'un trou de 1,2 cm de diamètre à chaque coin
- Deux anneaux en bois
- Huit perles en bois avec un trou d'environ 1,2 cm de diamètre
- Une paire de ciseaux et une règle ou un mètre

NŒUDS UTILISÉS

- Tous sauf les nœuds de barette

× conseils déco ×

× Aussi jolies qu'utiles, les étagères en macramé s'invitent dans votre intérieur pour accueillir vos livres préférés ou votre plus belle collection de coquillages.

× Vous ne possédez pas les outils pour préparer vos planches (scie et perceuse à gros foret) ? Pas de problème, de nombreux magasins de bricolage proposent des services de découpe sur mesure pour un prix modique. Quant au perçage, vous pouvez toujours demander un petit coup de main à un(e) ami(e).

ÉTAPE 1

Commencez par découper huit morceaux de corde rose de 4,5 m chacun. Afin de faciliter l'insertion des brins dans les trous des planches et des perles, je vous conseille de réaliser une petite surliure bien serrée à chaque extrémité des cordes avec du fil de couture ou du ruban adhésif. Découpez ensuite quatre brins de corde écrue de 50 cm chacun.

ÉTAPE 2

Prenez deux morceaux de corde rose, pliez-les en deux et attachez-les sur un même anneau à l'aide de nœuds d'alouette.

Vous obtenez alors quatre brins de longueur égale avec lesquels vous réaliserez une série de sept nœuds plats superposés.

Laissez ensuite un espace de 7,5 cm sans effectuer de nœuds, puis enchaînez avec une série de seize nœuds plats torsadés.

Prenez deux autres morceaux de corde rose et attachez-les sur ce même anneau à l'aide de nœuds d'alouette, à gauche des deux premières cordes. Avec ces quatre nouveaux brins, réalisez huit nœuds plats superposés.

Ensuite, laissez un espace de 9,5 cm, puis terminez par une série de seize nœuds plats torsadés. Au final, vous obtenez deux groupes de cordes côte à côte et de longueurs différentes, le plus long de ces deux groupes étant situé à gauche.

ÉTAPE 3

Répétez l'ensemble de l'étape 2 en utilisant les quatre dernières cordes roses et le second anneau. Cependant, veillez à ce que le groupe le plus long se situe cette fois à droite sur l'anneau (comme un reflet dans le miroir). Si vous vous êtes trompé(e), inutile de défaire tous les nœuds pour recommencer votre travail. Faites simplement glisser l'un des deux groupes de cordes le long de l'anneau pour venir le placer de l'autre côté du second groupe.

ÉTAPE 4

Prenez une planchette et l'anneau dont le groupe le plus long est situé à gauche. Faites passer les quatre brins de corde rose du groupe le plus court dans le trou arrière gauche de la planche. Ensuite, insérez les quatre autres brins du groupe le plus long dans le trou avant gauche.

Répétez cette opération avec l'autre anneau en faisant passer les quatre brins du groupe le plus court dans le trou situé à l'arrière droit, puis en insérant les quatre autres brins du groupe le plus long dans le trou avant à droite.
Remontez la planche jusqu'à ce qu'elle touche le dernier nœud plat torsadé de chaque groupe.

ÉTAPE 5

Prenez une grosse perle en bois et enfilez les quatre brins d'un même groupe dans son trou. Retournez la planchette et remontez la perle jusqu'à ce qu'elle touche le bois. Réalisez ensuite une série de sept nœuds carrés. Ces nœuds étant plus larges que le trou de la perle, ils empêcheront la planche et la perle de glisser et les maintiendront solidement dans leur position.
Répétez cette étape avec les trois autres groupes de cordes.

Avant de poursuivre, je vous conseille de suspendre les deux anneaux de cette première étagère à des crochets muraux, afin de vérifier que la planche est bien droite. Servez-vous d'un niveau, ou d'une bille si vous ne possédez pas de niveau. Si la planche penche un peu, il vous faudra resserrer ou relâcher certains nœuds pour ajuster l'horizontalité de quelques degrés.

ÉTAPE 6

Posez l'étagère sur votre plan de travail. Sur un groupe de quatre cordes, laissez un espace d'environ 8 cm sous le dernier nœud carré avant d'effectuer une série de seize nœuds plats torsadés. Répétez cette étape avec les trois autres groupes de cordes.

ÉTAPE 7

Attrapez la seconde planchette et faites passer chaque groupe de cordes dans le trou correspondant. Remontez la planche jusqu'à ce qu'elle touche les derniers nœuds plats torsadés. Ensuite, insérez chaque groupe de cordes dans une perle en bois que vous ferez remonter jusqu'à ce qu'elle touche la planche.

Prenez un groupe de cordes et réalisez deux nœuds carrés juste sous la perle pour la bloquer dans sa position. Comme toujours, répétez cette opération avec les trois autres groupes.
Avant de poursuivre, vérifiez l'horizontalité de cette seconde planche en accrochant l'ensemble au mur.

ÉTAPE 8

Passons maintenant aux finitions. Attrapez les quatre morceaux de corde écrue, faites une surliure bien serrée sous le dernier nœud carré de chaque groupe de cordes roses, puis coupez les extrémités flottantes au plus près de la surliure. Enfin, coupez les franges roses à la longueur désirée. Si vous le souhaitez, vous pouvez aussi les délacer pour leur donner plus de volume.

Direction : Guillaume Pô
Direction éditoriale : Elisabeth Pegeon
Édition : Julie Quillien
Direction artistique : Isabelle Mayer
Direction de fabrication : Thierry Dubus
Fabrication : Marie Dubourg

Créations des objets : Marie Rozier
Photographies des pas à pas : Marie Rozier
Photographies des pages 4, 6, 17, 23, 29, 35, 41, 47, 53, 61, 67, 73
et couverture : Blandine Soulage
Pictogrammes "nœuds", "réveil", et "symbole euro" : shutterstock.com
Fond de la couverture et des pages 2-3 : crédit : enviromantc,
Istock.com
Photogravure : SNO

1re édition - N° d'édition : V19030
ISBN : 9791027103195
Code MDS : VA00297

Achevé d'imprimer en mai 2019 sur du papier certifié FSC®
(issu de forêts gérées durablement), sur les presses
de Graphycems (Espagne), un imprimeur labellisé pour
ses pratiques respectueuses de l'environnement.

Dépôt légal : juin 2019
www.vagnon.fr

MIXTE
Papier issu de
sources responsables
FSC® C007507
FSC www.fsc.org